知れば、ず〜っと役立つ！

暮らしの小ワザ

監修 雨宮秀彦 （裏ワザ倶楽部）

文響社

今日からはじめる
ズボライフ！

わたし、徳下 衣乃。
今、イライラしてます。

なぜなら……新品の
ティッシュから

いえ～い

もっと！

大量にティッシュが
出ちゃったから！

もう！ なんで
1枚ずつ取れ
ないの！？

ねや
ねだ

思えば
わたしの人生
ずっとこうだったな

ひもが抜けた！

イライラ

炭酸飲料が噴き出す！

ブシャー

袋があかない！

カサカサ

もくじ

- ☑ 間食がラクにやめられる！
- ☑ ストッキングを伝線しづらくする！
- ☑ 緊張が一瞬で和らぐ！
- ☑ スーツや学生服のテカリを消す！
- ☑ 注射の痛みをごまかす！
- ☑ 遅刻魔に時間を守らせる！
- ☑ かき氷で頭がキーンとするのを治す！
- ☑ 油性ペンで書いた文字が消せる！
- ☑ 酸っぱいみかんを甘くする！
- ☑ くしゃみをピタッと止める！

2

料理をストレスフリーにする小ワザ！

Column2　キッチンにあるものでできるズボ小ワザ！── **116**

ラップで
- ☑ 茶渋を根こそぎ取る！
- ☑ シンク磨きは、くしゃくしゃラップで！
- ☑ マニキュアをサッと落とす！

アルミホイルで
- ☑ ドロドロ石けんを防止する！
- ☑ 薬味用おろし金が汚れない！

輪ゴムで
- ☑ 歯磨き粉のシミは簡単に取れる！
- ☑ 風が吹いてもレジャーシートが飛ばない！

こんなコンテンツがあるよ！

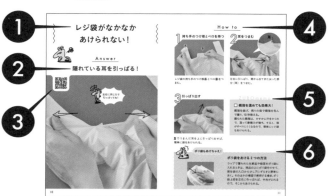

1 日常のイラッ！── シチュエーション

暮らしの中でよくある、やっかいごとを「イライラシチュエーション」として紹介します。

2 超重要事項！── Answer

「これだけ覚えておけば生活で困ることナシ！」な小ワザの最重要ポイントを一言でまとめています。

3 動画でチェック！── QR

一部の小ワザは「裏ワザ倶楽部」提供の動画つきでご紹介。難しいと感じたら、QR を読み込み、動画でもやり方をチェックすることをおすすめします。

4 くわしい手順── How to

具体的なやり方を最大 4 ステップで解説。細かな動作は矢印も参考にしてください。

5 成功のヒント── ZUBO memo

小ワザは環境や条件により、うまくいかないことも。そんなときはこちらを参考にチャレンジしてみてください。

6 さらにトクする！──ズボコメント

さらに生活を楽にする応用編の小ワザを紹介。こちらもかんたんにできるワザばかりです。

1

生活を快適にする小ワザ！

レジ袋がなかなか
あけられない！

Answer

隠れている耳を引っぱる！

左右に同じ力で
引っぱってね！

How to

1. 持ち手のつけ根とベロを持つ

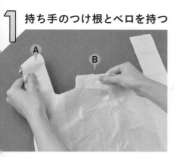

レジ袋の持ち手のつけ根 **A** とベロ **B** をつまむ。

2. 耳をつまむ

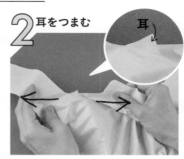

左右に引っぱり、間から出てきた尖った部分（耳）をつまむ。

3. 引っぱり出す

3でつまんだ耳を上に引っぱり出せば、簡単に袋をあけられる。

ZUBO memo

□ 親指を温めても効果大！

親指を曲げ、残りの指で親指を包んで握り、10秒数える。
握られた親指は、かすかに汗をかくので、湿って摩擦力が増す。すると、指がすべりにくくなるので、簡単にレジ袋をあけられる。

ポリ袋もあけちゃえ！

ポリ袋をあける2つの方法

ラップで覆われた生鮮品や総菜をポリ袋に入れるときは、商品の上にポリ袋をのせて、指を袋の入口から少し下にずらすと簡単にあく。そのほかの場面で使用する場合、ポリ袋上部を左右に引っぱれば、中央がよれるので、そこからあけられる。

靴下のタグを取りたいのに ハサミがない！

Answer

タグピンをつまんでふりまわす！

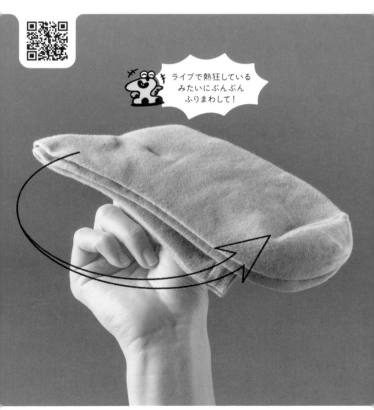

ライブで熱狂している
みたいにぶんぶん
ふりまわして！

How to

1 タグピンを指でつまむ

靴下のタグピンを親指と人差し指でつまむ。

2 靴下をふりまわす

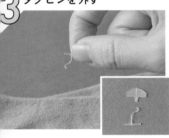

タグピンをつまんだまま、靴下をぶんぶんふりまわす。

3 タグピンを外す

タグピンが切れ、靴下が床に落ちる。切れたタグピンを靴下から外す。

ZUBO memo

☐ ふりまわすときの注意点

タグピンは、三角の部分をしっかり持ってふりまわすこと。
ピンが切れた瞬間、思わぬ方向に靴下が飛んでいってしまうこともあるので、周りを確認してから行おう。

ハサミなしでできる！

洋服の紙タグをすぐに取る方法

洋服は価格や品質、ブランドロゴなどの紙タグをナイロン製の留め具でまとめて売られている。この留め具もハサミなしで切ることができる。方法は、輪っか状になった留め具の中にペンを通して、一方向にねじり続けるだけ。もし、留め具が輪っか状になっていなければ、結んで輪を作ってから同様にすれば簡単に切れる。

外出先でシャツの
ボタンが取れちゃった！

──Answer──

取れたボタンで応急処置をする！

1 取れたボタンを服にあてる

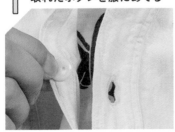

取れたボタンがついていた場所の裏側に
ボタンをあてる。

2 ボタンホールに通す

そのまま、シャツの生地ごとボタンホール
に通す。

ラップの切り口が
見つからない！

Answer

手に輪ゴムをつけてこする！

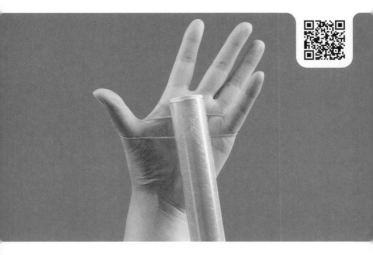

1 輪ゴムを指に引っかける

親指と小指に輪ゴムを引っかける。

2 ラップをこする

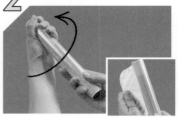

輪ゴムをかけた手でラップの先端を握り、
左右に3回ずつまわすとラップの切り口が
めくれて見えてくる。

段ボールが重くて
運べない……

空の段ボールの上にのせて持つ！

びっくりするくらい
軽く感じるよ〜

How to

1 空の段ボールを用意する

持ち手（穴）のある段ボールを空のまま組み立ててフタを閉じる。

2 荷物入りの段ボールをのせる

1 の段ボールの上に荷物を入れた重い段ボールをのせる。

3 持ち上げる

下の空の段ボールの持ち手（穴）部分を持って持ち上げると、重いはずの段ボールが軽々と持ち上がる。

ZUBOmemo

□ 重さを感じにくい理由

空の段ボールを下にすると重心が上がり、荷物が軽く感じる。
下の段ボールは持ちやすいように両側に持ち手用の穴があいているタイプを選ぼう。

こんなときは？

持ち手がない段ボールの運び方

持ち手の穴があいていない段ボールは持ちにくく、手からすべり落ちそうになることも。そんなときは、短辺のフタを外側に折り、その部分を持って運ぶ方法がおすすめ。外側に折り曲げた部分を持つことで、手からすべり落ちそうになるのを防いでくれる。

食べかけのお菓子を賢く保存したい！

Answer

つまようじと輪ゴムを使って保存する！

密閉度アップで
パリパリ感をキープ！

How to

1 つまようじを輪ゴムに通す

つまようじの尖った側を持ち、輪ゴムに通す。

2 袋につまようじを固定する

袋の口をぎゅっと閉じ、**1**のつまようじを袋にあて、親指で固定する。

3 袋を閉じる

袋に輪ゴムをぐるぐると巻きつけたら、輪ゴムの端をつまようじの頭に引っかけて閉じる。

4 袋をあける

袋をあけるときは、輪ゴムが飛ばないように指で押さえながら、もう一方の手でつまようじを引き抜く。

ZUBO memo

☐ 密閉度が高い理由

この方法なら1周あたり2本の輪ゴムで巻くことになり、輪ゴムだけで巻くより、ぎゅっときつく閉められて密閉性が高まる。空気が遮断されてお菓子が湿気にくくなる。

☐ 袋をあけるときの注意点

つまようじを引き抜くだけで簡単にお菓子の袋をあけることができて便利。ただし、輪ゴムを押さえながら引き抜かないと輪ゴムがどこかに飛んでいってしまうので注意しよう。

指に貼ったばんそうこうが
はがれないようにしたい！

ばんそうこうに切り込みを入れる！

切り込みで
ジャストフィット！

How to

1 切り込みを入れる

ばんそうこうの高さが半分になるように、ガーゼ部分の手前まで清潔なハサミで切り込みを入れる。

2 剥離紙をはがして貼る

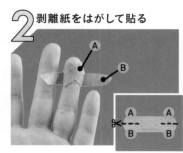

剥離紙をはがし、1で入れた切り込みの上部 A をそれぞれ斜め下に向けて貼る。

3 残りを貼る

1で入れた切り込みの下部 B をそれぞれ斜め上に向けて貼る。

 こんなときは？

関節部分に貼る場合

指の関節部分にばんそうこうを貼るときは、粘着部分が関節を覆わないように貼ることで、関節が曲げやすくなり、はがれにくくなる。傷にばんそうこうのガーゼ部分をあて、関節にばんそうこうが重ならないように粘着部分の上部は上に向かって、下部は下に向かって✕印になるように貼る。

ZUBOmemo

□ 消毒や巻く強さに注意

ばんそうこうのガーゼ部分ギリギリまで切り込みを入れるので、消毒したハサミを使用する。
切り込み入りのばんそうこうは、密着しやすくなるので、貼るときに締めつけすぎないように注意しよう。

ゼリーをあけると
なぜか汁がこぼれる……

Answer

フタを奥から手前に引く！

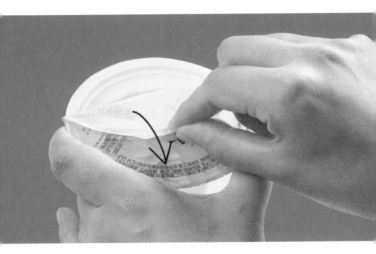

ZUBOmemo

☐ 奥から手前がキホン！

ゼリーのフタを手前から奥にあけるときは、カップの側面を持ちながらあけるので、握力でゼリーがせり上がる。このとき、自然とカップも手前に傾いており、汁がこぼれてしまう。そこで、握力がかからないようにカップの縁を持ち、フタを奥から手前にあければ、カップが前に傾かず、汁もこぼれにくくなる。

☐ なぜパンパンに詰まっている？

ゼリーは、内容量をパンパンにすることで密閉度がアップして、長期間の保存が可能になる。また、輸送時の振動で食感やプルプル感が変化するのを防ぐ効果もある。

ふせんを貼ると
丸まってしまう！

のり部分を左端に置き下からはがす！

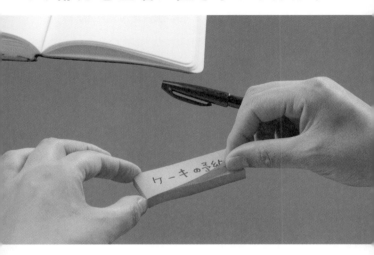

1 のり部分を左端に置く

自分から見て、ふせんののり部分が左端にくるように置き、下からめくるようにしてはがす。

ZUBO memo

☐ **ノートに貼って比べる**

A は、このやり方を意識してふせんをはがし、ノートに貼ったもの。**B** は、なにも意識せずに貼ったもの。違いは一目瞭然。

書類を
三つ折りにするのが難しい！

A4用紙を2枚使って折る！

キレイに折れると
印象もアップ！？

1 紙を重ねる

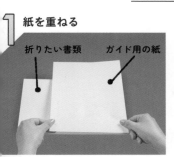

折りたい書類　ガイド用の紙

折りたい書類（A4サイズ）を横長に置く。
ガイド用の紙（A4サイズ）を縦長になる
向きで、右端を揃えて重ねる。

2 折る

折りたい書類の、**1**で重ならなかった部分
を内側に折る。このとき、ガイド用の紙の
左端に合わせて折るとよい。

3 三つ折りにする

ガイド用の紙を外し、**2**で折った幅に合わ
せて書類を三つ折りにする。

4 封筒に入れる

封筒（長形3号）に**3**の書類を入れると、
ぴったり収まる。

ZUBOmemo

☐ **ガイド用の紙**

キレイな三つ折りを作るためにガイド用
として縦長に置いたA4サイズの紙は、
A4サイズであれば、コピー用紙でな
くてもOK。不要なチラシなどをA4
サイズに切って使うとよい。

☐ **ビジネスシーンでも活躍！**

ここで紹介したのは、長形3号の封筒
にきっちり収まるA4サイズの紙の三つ
折りの仕方。
請求書や履歴書などのビジネス文書は、
A4サイズがキホンなので、いろいろな
ビジネスシーンで活用できる。

水性ペンがかすれて
文字が書けない！

Ａｎｓｗｅｒ

ペン先をぬるま湯にひたす！

1 ぬるま湯につける

キャップの半分くらいまでぬるま湯を入れ
ペン先を 10 分ほどつける。

※この方法は、ペン先が乾いて固まったインクが原因
でインクが出にくくなった場合に有効です。

ペンの種類に注意！

油性ペンの場合

油性ペンのかすれ
には、除光液を
キャップに数滴(ペ
ン先がつかるくら
い) 入れてペン先
を 10 分ほどつける。

毛布がなかなか
かわかない……

Answer

逆三角形に干す！

ZUBOmemo

☐ 逆三角形にして干す理由

毛布は脱水後も水分がたくさん含まれているのでかわきにくいが、水の動きを上手に利用し、角を下にした逆三角形の形にすることで角に水分が集まるため、水ぎれがよくなり早くかわく。

☐ タオルケットでもOK

毛布だけでなく、タオルケットなどの厚手の洗濯物を干すとき、この方法はとても便利。素材によって乾く速度は異なるが、毛布やタオルケットであれば、通常の干し方の半分程度の時間でかわく。

新品の箱ティッシュから
1枚目が取り出せない!

Answer

取り出す前に指で押す!

何もしないより
スッとつまめる!!

1 ティッシュを開封する

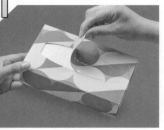

ティッシュのフタをあける。

2 指で押す

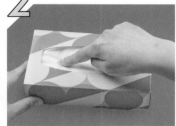

中のティッシュを取り出す前に、**1** で開封した部分を指で数か所押す。

3 取り出す

ティッシュを1枚つまんで取り出す。

 一気に引き出したい！

大量のティッシュを素早く確保！

テーブルの上でジュースをこぼすなど、急に大量のティッシュが必要になったときは、写真のようにティッシュを1枚つまんで軽く上に引っぱりながらもう一方の手でティッシュの箱をまわせば、ティッシュが連なって出てくる。
ティッシュを1枚ずつ連続で取り出すよりも断然ラク。

ZUBO memo

□ **押す場所と回数**

ティッシュが見えている面であれば、どこを押してもOK。
2～3か所、軽く押すのがポイント。こうすれば、最初の1枚をキレイに取り出すことができる。

ハサミの切れ味が悪くて
うまく切れない！

Answer

アルミホイルを切る！

砥石なしで
あっという間に
復活するよ〜！

1 アルミホイルを用意する

アルミホイルを適度な長さに切る。

2 アルミホイルを折りたたむ

アルミホイルを層になるように 2 〜 3 回折りたたむ。大きさの目安は、ハサミの刃の長さより少し長いくらい。

3 ハサミでアルミホイルを切る

…のアルミホイルをハサミで切る。
…れ味が戻るまで数回くり返す。

切れ味アップ！

刃がべたついたときは

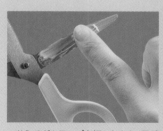

ハサミでガムテープを切ったあと、刃がべたついて、切れ味が落ちたと感じたら、刃にハンドクリームを塗ろう。クリームを塗ったら、なじむまで数回ハサミをチョキチョキと開け閉めし、仕上げに刃についたクリームをティッシュでふき取れば、ハサミのべたつきが取れる。

※ハサミの刃を触って指を切らないように気をつけましょう。

ZUBOmemo

□ ピーラーにも使える！

刃の間にアルミホイルを入れて、アルミホイルを左右に動かすだけで切れ味がよみがえる。

※作業時のケガには十分気をつけましょう。

歯磨き粉を最後の最後まで
使い切りたい！

Answer

中に空気を入れて5秒ふる！

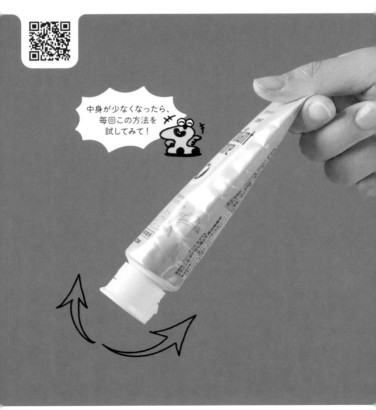

中身が少なくなったら、
毎回この方法を
試してみて！

How to

1 空気を入れる

チューブのフタをあけ、中に空気を入れて膨らませる。

2 フタを閉める

チューブに空気が入った状態でフタを閉める。

3 5秒ふる

チューブの端（キャップの逆側）を持ち、5少ほどふる。

4 中身を出す

いつも通り歯ブラシの上に歯磨き粉を出す。

ZUBO memo

☐ チューブのふり方

チューブをふるときはチューブの端を指でつまむようにして持ち、フタが振り子のように動くようにふる。
空気が入ることで、チューブの内側に空間ができて付着した中身がすべりやすくなり、出口付近に集まってくる。

☐ いろいろなチューブに使える

空気が入るタイプのチューブであれば、中身はどんなものでも OK。練りわさびやマヨネーズなどの食品はもちろん、ハンドクリームなどにも有効。ただし、アルミ製などの空気が入りにくいタイプにはこの方法は使えないので注意。

33

Tシャツをたたむのが面倒くさい……

3秒でたたむ方法を学ぶ！

練習すれば
3秒で
たためちゃう！

How to

1 中央あたりをつまむ

シャツを首側が右にくるように置き、上
側の肩から裾への延長線の真ん中を左手
の親指、人差し指、中指の3本でつまむ。

2 肩側をつまむ

1でつまんだ場所から一直線上の肩側を
右手の親指と中指の2本でつまむ。

3 裾をつまむ

1でつまんだまま右手を裾側に持っていき、
右手の人差し指で裾をつまんだら、その
まま持ち上げる。腕はクロスした状態。

4 手を引いて折りたたむ

クロスしている腕を元に戻すようにして両
側に引く。そしてパンッと軽く払って、袖
を折り込むようにたたむ。

ZUBOmemo

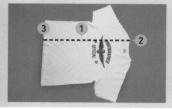

□ Tシャツのつまむ場所

Tシャツを指でつまむ場所は、写真の
番号通り。中央、肩側、裾の3か所に
なる。この3か所を結んだ線がたたんだ
ときの縦のラインになるので、一直線上
につまむことがキレイに仕上げるコツ。

タグに書いた名前が
にじんで文字が読めない！

Answer

水でぬらしてから書く!!

余分な水分は
ティッシュで取って
から書こう！

36

How to

1 タグをぬらす

タグに霧吹きで水を吹きかける。

2 軽く水けを取る

ぬれたタグをティッシュで押さえて軽く水けを取る。

3 名前を書く

油性ペンで記名する。

タグに直接
書きたくないときは！

マスキングテープを使って名前を書く方法

マスキングテープ

マスキングテープは、タグよりも少し長めに切ってタグに貼り、はみ出た部分を裏側に折り返して貼るのがポイント。あとは、油性ペンでマスキングテープに名前を書くだけ。この方法、タグから意外とはがれないのがすごいところ。もし、洗濯してはがれてしまっても、簡単に貼りかえられる。

ZUBOmemo

□ 水でぬらす理由

布（タグ）の繊維にしみ込んだインクが広がってできてしまう「にじみ」。タグを水でぬらすと、水が繊維に先にしみ込むのでインクが広がらず、文字がにじみにくくなる。

パーカーやジャージの
ひもがうまく通せない‼

<u>Answer</u>

ストローを使って通す！

ストローは
つるつるだから、
スルッと通る！

How to

1 ひもを抜く

パーカーやジャージのひもをすべて引き抜く。

2 ストローにひもを通して切る

ストローにひもの先を10cmほど通し、余分なストローを切る。

3 ホチキスで留める

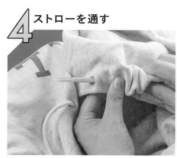

ひもとストローをホチキスで留めて固定する。

4 ストローを通す

ひも通し口からストローを通し、反対の穴から出す。ひもを通せたら、ホチキスの針を外してストローを抜く。

ZUBO memo

☐ ホチキスの留め方

ストローとひもに対して、ホチキスの針が平行になるように留めると、穴の中で引っ掛からずスムーズにひもを通すことができる。ホチキスで2か所留めれば、さらに取れにくくなる。

☐ ねじりながら入れる

ストローにひもを通すときは、ひもをくるくるとねじりながらストローに入れると通しやすくなる。ひもの先端が結んである場合はほどいてからストローに通すとよい。

固結びになった
ひもをほどきたい！

Answer

クリップを使ってゆるめる！

するっとほどけて、
超感動！

How to

1 クリップをL字型にのばす

大きめのクリップを用意し、片方の先端
を広げてL字型にする。

2 結び目にクリップを差し込む

1のクリップの先端を結び目に差し込む。

3 クリップを閉じる

クリップの先端を閉じ、元のクリップの
形状に戻す。

4 結び目をほどく

クリップを数回引っぱると、ひもがする
するとほどける。

ZUBO memo

☐ クリップのサイズ

固結びのひもをほどくためには、一般的
なサイズのクリップだと、結び目を
ほどくときに力が入りづらいので、長さ
5cmくらいの大型のクリップを用意して
実行してみよう。

☐ クリップを通す位置

固く結ばれたひもの間にクリップの先端
を入れて引っぱれば、するっと結び目
がほどけるが、コツをつかむまでは苦
戦してしまうことも。そんなときは、結
び目の中心を目がけてクリップを通すよ
うに意識しよう。

セーターの毛玉を
どうにかしたい！

Answer

台所用山型スポンジで軽くこする!!

1 スポンジをセーターにのせる

スポンジの山型のやわらかい面をセーターの毛玉部分にあわせてのせる。

2 こする

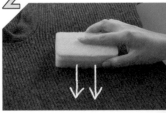

力を入れず、軽い力で同じ方向に8回程度こすれば、毛玉がスポンジに付着する。

※衣服を傷めないよう、こすりすぎに注意してください。

靴のイヤ～なニオイをどうにかしたい！

靴に10円玉を入れる！

1 10円玉を靴に入れる

0円玉を14～20枚用意し、靴の中に片足こつき7～10枚ずつ入れ、一晩放置する。

ZUBOmemo

□ **10円玉だから効く**

10円玉の素材の銅には、靴のニオイのもととなるバクテリアを殺す働きがあるので、消臭効果が期待できる。靴に1円、5円、100円、500円玉を入れても消臭効果はないので必ず10円玉を入れよう。

ネックレスが絡まって
ほどけない！

Answer

つまようじを使ってほどく！

小刻みに動かすと
するするほどけてい
くよ〜！

44

1 つまようじをあてる

チェーンが絡まった部分（結び目）に、つまようじの先端をあてる。

2 つまようじを動かす

つまようじを左右に細かく動かすと、徐々にチェーンの絡まりがほどけてくる。

3 結び目を広げる

指で押さえながら、**2**のチェーンの絡まりがさらにゆるむまで、つまようじを左右に動かす。

4 手でほどく

絡まりがゆるんできたら指でほどく。

ZUBO memo

☐ **作業する場所**

つまようじで、ネックレスを左右に動かしてほどくので、平らでつるつるした素材の作業台の上で行うのがベスト！作業台がすべりにくいときは、下敷きやクリアケースなどを敷いてみよう。

☐ **複数絡まってもOK！**

アクセサリーケースの中で複数のネックレスが絡まり、団子状態になってしまった場合も、この方法で解決できる。つまようじを使って、絡まった結び目をひとつずつ地道にほどいていこう。

ファンデーションが
粉々になっちゃった‼

Answer

スプレー缶を押しつけて元に戻す！

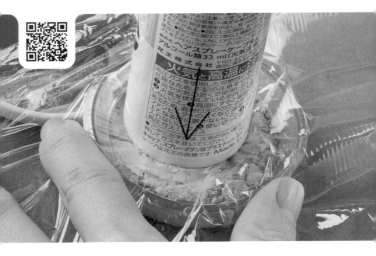

1 ラップに出してもむ

割れたファンデーションをラップの上にすべてあけたら、包んでもみほぐして粉々にする。

2 平らな面のものを押しつける

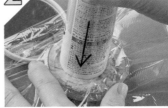

1 の粉々のファンデーションをケースに戻し、上から新しいラップをかけ、ヘアスプレーなどを 10 秒押しつけて固める。

柔軟剤を切らしたけど
ごわごわタオルはイヤ！

Answer

干す前にタオルをふりまわす！

1 タオルを半分に折る

濯後のタオルの両端を持って二つ折りする。

2 ふりまわしてから干す

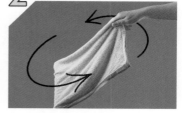

右回りに5回、左回りに5回、ぶんぶんふりまわしたら洗濯ハンガーに干すとフワフワに仕上がる。

床に落とした炭酸飲料を今すぐ飲みたい !!

Answer

10回まわしてからあける！

1 ゆっくりまわす

落としたペットボトルを縦向きにして、縦方向に10回ゆっくりとまわす。

2 キャップをあける

ペットボトルのキャップをゆっくりあけると噴き出さない。

きつく結んだレジ袋を
もう一度あけたい！

Answer

持ち手をねじって結び目に押し込む！

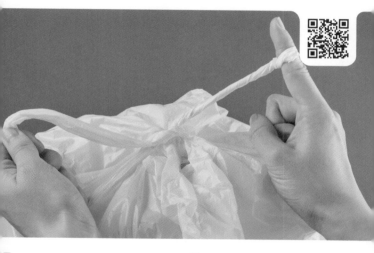

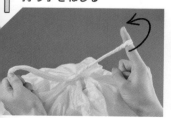

1 持ち手をねじる

レジ袋の片方の輪に人差し指を入れて結び目をほぐすために輪が固くなるまでねじる。

2 結び目に押し込む

人差し指をねじって固くなった輪から外して持ちなおし、結び目に押し込むとほどける。

髪の毛をすぐに
かわかしたい!!

タオルをあてながらかわかす!

いつもの
半分の時間で
かわくよ〜!

How to

1 タオルドライする

かわいたタオルで髪の毛の水けをふき取る。

2 別のタオルを被せる

別のかわいたタオルを頭に被せる。

3 ドライヤーをかける

別のタオルを被った状態でドライヤーの温風をあてる。

4 タオルを動かす

ときどき、タオルの上から髪の毛をもむように手を動かしながら、ドライヤーの温風をあててかわかす。

ZUBO memo

☐ 美髪にも効果的

この方法で髪の毛をかわかすと、通常より速く髪の毛がかわく。タオルの上からドライヤーをあてることで、髪の毛に直接温風があたらないため、髪が傷みにくいというメリットも。

☐ かわかし方

ドライヤーの温風は、ただ適当にあてるのではなく、タオルの上から髪の毛をもむように。手を動かしながら頭全体をマッサージするようにすれば、通常の半分の時間でかわかすことができる。

買いおきがないのに
リモコンの電池が切れた！

Answer

手で温めてからタオルでふく！

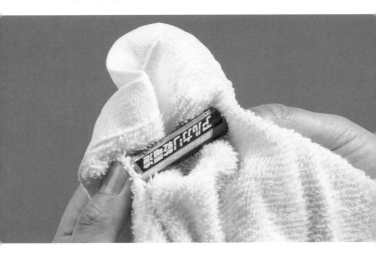

1 乾電池を温める

リモコンから乾電池を取り出し、手で握りしめて3分ほど温める。

2 タオルなどでふく

乾電池の両極にある端子部分をタオルなどでふいてからリモコンに差す。

※この方法はあくまでも応急処置です。そのまま使用し続けることは難しいので、早めに新しい乾電池と交換しましょ

ニンニク料理を食べたあとの口臭が気になる！

Answer

コップ1杯の緑茶を飲む！

ZUBO memo

☐ 緑茶を飲むだけでOK！

口臭予防の効果は、緑茶の温度では変わらない。ニンニクの調理法がどんなものでも関係なく、緑茶を飲めば、口臭予防ができる。

☐ 食事中に飲む量の目安

飲む量は、コップ1杯くらいが目安。緑茶に含まれる茶カテキンがニオイのもととなる菌の増殖を抑えてくれる。ただし、効果には個人差がある。

53

ビールの気が抜けて
おいしくない！

割り箸で泡を復活させる！

角ばった割り箸を
使うのが
ポイントだよ！

How to

1 割り箸を用意する

割り箸を1本用意する。

2 割り箸を持つ

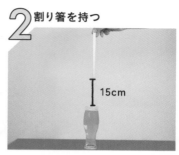

15cm

ビールの入ったグラスから15cmほど上の
位置で縦に割り箸を持つ。

3 割り箸をグラスに落とす

手を放して割り箸をグラスの中に落とす。
みるみる泡が復活するので、再度おいしく
飲める。

※長時間放置し、炭酸が完全に抜けてしまったビール
の泡を復活させることはできません。

ZUBOmemo

□ 割り箸を入れる速度

グラスに割り箸を入れるときは、
ある程度の速度が必要。ゆっくり
入れても泡は出ない。ある程度の
勢いをつけてグラスに入れるとよ
い。

これもやってみて！

炭酸入りジュースでも泡が復活する

ビールだけでなく、気の抜けたコーラ
やサイダーなどの炭酸飲料でも、同じ
ようにグラスから15cmほど上の位置
で割り箸を落とせば、炭酸を復活
させることができる。また、割り箸を
多めに入れると泡がたくさん出て、
グラスから溢れてしまうことがある
ので、割り箸1膳を目安に行う。

カーペットに飲み物を
こぼしちゃった！

Answer

タオルをあてて掃除機で吸う！

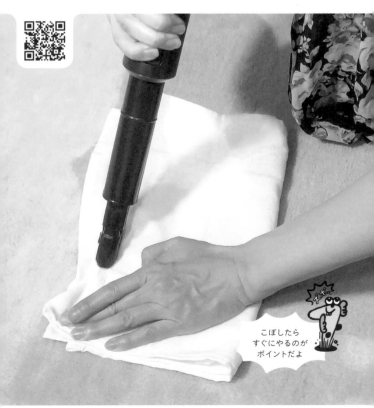

こぼしたら
すぐにやるのが
ポイントだよ

How to

1 水をかける

カーペットに飲み物をこぼしたらシミの上に水をかける。

2 タオルをのせる

タオルを4つ折りにして、**1**のシミの上にのせる。

3 掃除機で吸う

タオルを手で押さえながら、掃除機のノズルで吸う。

※シミにかける水の量が多すぎると掃除機が故障する原因になることがあります。

4 タオルを外す

30秒ほど掃除機で吸うと、タオルに汚れがしみ込むので、タオルを外すとカーペットのシミが取れている。

ZUBO memo

☐ こすらず掃除機で吸引!

掃除機の吸引力は思っている以上にすごい。コーヒーやしょうゆなどをこぼしてできたシミは、この方法を実践すれば、カーペットのどこにあったかがわからなくなるほどキレイになる。

☐ こぼしてすぐのシミに有効

この方法は、カーペットの上に飲み物などをこぼしてシミになったらすぐにやると効果がある。時間が経ったシミには効果がないので注意しよう。

ドアノブを握ったときに静電気をあびたくない！

Answer

握る前に手のひらを押しつける！

1 手のひらをドアノブにあてる

手のひら全体をドアノブに押しあてる。このとき、そっと押しあてるのではなく、軽く勢いをつける。

2 ドアノブを握る

ドアノブを手で握る。こうすると静電気が分散して放電されるため、ビリッとした痛みを感じない。

吸盤が何度も
ずり落ちる！

<u>Answer</u>

ハンドクリームを薄く塗る！

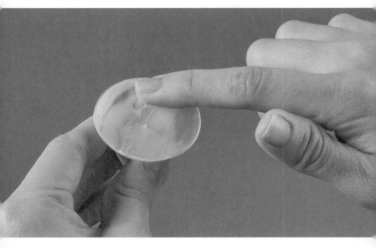

1 ハンドクリームを薄く塗る

及盤の接着面をキレイにし、米粒大に取ったハンドクリームを薄く塗る。

2 吸盤を貼りつける

吸盤を押しつけて、空気を抜くようにくっつける。

本やノートが
ぬれてシワシワに！

水分を軽く取って、凍らせる！

凍らせちゃう
なんて、
びっくり！

1 水分をやさしくとる

れた本の水気をタオルなどで軽く押さえ
とる。こすらないように注意する。

2 ジッパー付き袋に本を入れて冷凍

本をジッパー付き袋に入れて、冷凍庫で
24 時間ほど凍らせる。

3 袋から本を出す

をジッパー付き袋から取り出す。

4 重しをしてさらにかわかす

雑誌などを重しにして、プレスしながら1
週間ほどかわかす。

ZUBOmemo

☐ ぬれた部分を無理に拭き取らない！

ぬれた紙がシワシワになるのは、紙の
繊維内の分子が水分によってばらばら
になってしまっているせい。無理に拭き
取ろうとすると、本の状態よりも分子が
さらに散らばり、シワが悪化する原因
になるので注意。

☐ アイロンやドライヤーでかわかす

急ぐ場合は「弱」設定のスチームアイロ
ンやドライヤーの冷風をあててかわかす
方法もある。しかし、熱で紙が傷んだ
り、風圧でさらによれがひどくなったり
するおそれがあるので、あまりおすすめ
できない。

袖をまくっても
落ちてくる！

Answer

内側に折り込むだけ！

1 袖を折り込む

袖を内側に折り込む。

2 くり返し折って固定する

適度な丈になるまで2〜3度折り返す。

ビニール手袋がずれて脱げそうになる！

Answer

手袋の手首部分をひねってのばす！

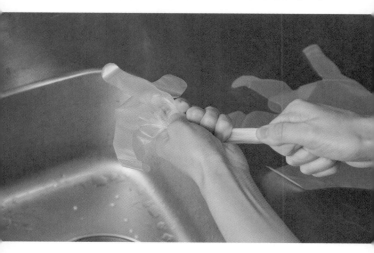

1 手袋を引っぱって絞り部分を作る

袋の手首に当たる部分を握り、破れないように注意しながら、縦方向に引っぱってのばす。

2 伸ばしたビニール手袋をはめる

ビニール手袋をはめて、ゆるくないかを確認する。ゆるい場合は再度引っぱって調整する。

リアルにバカにできない！
これガチ?! ズボ小ワザ10！

「こんなことで効果が得られるの?」とつい、ひとり言を言ってしまいそうな
ライフハックを10 ズボ（個）集めてみました。

1

究極のラクやせ、ズボラダイエット！
間食がラクにやめられる！

step

☑ 眉間と鼻の下にメントール入り
のリップクリームを塗る

ダイエット中、無性にお菓子が食べた
くなったときに使えるのがこれ！　「満
腹中枢」を刺激するツボがある鼻の下
と眉間にメントール入りのリップクリー
ムを塗れば、満腹中枢のツボが刺激さ
れて食欲が減退するよ。

2

履く前に防げる！
ストッキングを伝線しづらくする！

step

☑ ストッキングをパッケージごと冷蔵庫で一晩冷やす
☑ いつものように履くだけ

ストッキングの伝線って事前に防止で
きるって知ってた?　方法は、ストッ
キングを冷蔵庫で冷やすだけ。繊維
の強度が増して伝線しにくくなるんだよ。
しかも夏場は、ひんやりしたストッキ
ングで最高！　朝の身支度もサクサク
進むかも?

3 アガリ症の人必見！
緊張が一瞬で和らぐ！

step

☑ 左手の薬指全体を右手で握って離す
☑ これをリズムよく1分ほどくり返す

緊張を緩和するツボのマッサージ。たったこれだけで緊張がゆるむなんて最高〜！　プレゼンや、子どもの発表会、結婚式のスピーチのとき、ほどよくモミモミすれば、あなたは、メンタル最強で図太くなれる！

4 他人から結構見られてる！
スーツや学生服のテカリを消す！

step

☑ 生地のテカリのある部分をメラミンスポンジで数回軽くこする
☑ 逆の方向にも数回軽くこすったら、仕上げにブラッシングをする

スーツや学生服のテカリの原因は繊維が押しつぶされているから。メラミンスポンジは、普通のスポンジと比べて目が細かく、押しつぶされた繊維をほぐして元に戻してくれる。こするときは、同じ方向にこするのがポイント。

5 恐怖よ、さようなら〜
注射の痛みをごまかす！

step
- ☑ 注射を打つ場所を指で強く約1分間押したあと、指を離す
- ☑ 指を離してから10秒以内に注射をしてもらう

大人になったけど、注射苦手って人、意外といるんだよね〜。この方法は、痛点を麻痺させる方法なので、注射を打つまでの10秒間だけ有効な方法！ 打つ直前まで押していなければいけないのがちょっと難点だけど……。勇気を出して一度トライしてみて！

6 時間に正確な友達が増える!?
遅刻魔に時間を守らせる！

step
- ☑ 待ち合わせ相手に待ち合わせの時刻より1分早い時刻を指定する

例えば… 12時に待ち合わせたいなら「11時59分」と待ち合わせ時間を伝える

人は無意識に30分、1時間など、きりのいい数字を基準にしていることが多く、「11時59分に待ち合わせ」と相手に中途半端な時間を伝えると「59分」に意識が集中し、気になって約束を守るんだって。友達に試してみて〜。

7

もっとおいしく食べられる！
かき氷で頭がキーンとするのを治す！

step

☑ かき氷を食べて頭が痛くなったら、かき氷が入った器を額に10秒ほど押しつける

かき氷っておいしいけど、頭がキーンとなるのがつらいよね。あの痛みは、「冷たい」という感覚が「痛い!」に間違って変換されて神経に伝わるのが原因。そんなときは、額にかき氷の器をあて「冷たい」という刺激を再度与えれば、10秒ほどで痛みが消えるよ。

8

やられた！と思ったら即行動！
油性ペンで書いた文字が消せる！

step

☑ 油性ペンで書かれた落書き部分を水性ペンで塗りつぶす
☑ ぬれぞうきんでふく

この方法がうまくいくのは、プラスチックやガラスでできている、油や水がしみ込まない素材のものだけ。水性ペンに含まれる溶剤が落書きのインクを溶かしてくれる。もし、子どもが落書きしたら、注意する前に水性ペンで塗りつぶして落書きを消してみてね。

9

食べ頃まで待っていられない！
酸っぱいみかんを甘くする！

step

☑ 40℃ぐらいのぬるま湯が入った器の中にみかんを入れる
☑ 10分ほどたったら取り出す

湯につけることでみかんの酸っぱさのもとが分解されて酸味が減るので甘く感じるよ。酸味が強いものほど効果を実感できて◎！　すぐに食べると生温かいので冷蔵庫で1時間ほど冷やしてから食べよう！

10

自分でコントロールできるなんて素敵！
くしゃみをピタッと止める！

step

☑ くしゃみが出そうになった瞬間に人差し指と中指で鼻の下を強く押す

鼻のむずむず感が消えるまで強く押し続けよう。
刺激し続けることで、脳から出た「くしゃみをする」という命令をキャンセルすることができるよ。
この方法、押すタイミング（くしゃみが出そうになった瞬間）がとても重要！　何度も練習してみてね。

2

料理をストレスフリーにする小ワザ！

常温の缶ビールを
急いで冷やしたい！

Answer

氷入りの容器の中で転がす

冷蔵庫より早く
冷やせるよ〜！

1 缶ビールと容器を用意する

缶ビールと、缶ビールよりも少し大きめの
容器を用意する。

2 缶ビールを氷の上にのせる

容器に氷を 8 個入れ、缶が氷に接する
ように缶ビールをのせる。

3 缶ビールをまわす

片方の手で容器を押さえ、
もう片方の手で缶を手前にまわし続ける。
※この時点での缶の温度は 28.1℃。

4 適温になったら飲む

1 分 30 秒ほどまわすと、
缶が一気に冷やされ、ほぼ飲みごろになっ
ている。
※この時点での缶の温度は 8.3℃。

ZUBO memo

☐ 缶をまわす意味

缶をまわすと氷はどんどん溶ける。これ
は冷えていない缶の熱と氷の熱が缶をま
わすことで交換されたから。氷の量を増
やして、缶に触れる面積を増やすと、さ
らに短い時間で冷やせる。

☐ 缶入り飲料ならなんでも◎！

缶ビール以外にも、コーヒーやお茶な
どの缶入り飲料なら、缶ビールと同じよ
うに冷やすことができる。

ゆで卵をひとつずつ
むくのが面倒くさい！

密閉容器を使ってむく！

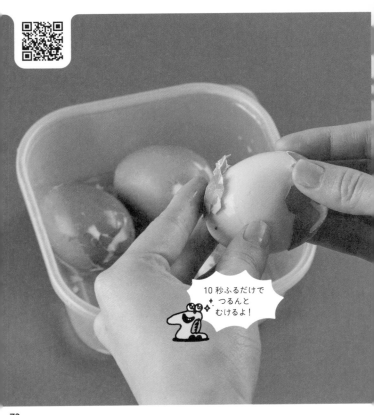

10秒ふるだけで
つるんと
むけるよ！

72

1 容器にゆで卵を入れる

ゆで卵4個をフタ付きの密閉容器に入れる。
※密閉容器の大きさは、卵が動けるスペースがある
くらいが目安。

2 水を入れる

密閉容器に水を入れてフタをする。
水の量は、写真のようにゆで卵が3分の1
程度つかるくらいが目安。

3 容器を10秒間ふる

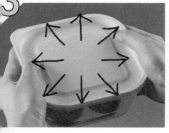

密閉容器をしっかり両手で持ちながら、
ゆで卵同士がぶつかるように、前後左右
斜めなどいろいろな方向にふる。

4 殻をむく

フタをあけ、ゆで卵の殻にヒビが入った部
分からむく。

ZUBO memo

□ つるんとむける理由

容器の中にゆで卵と水を入れてふるこ
とで、ほかのゆで卵や容器とぶつかり、
殻にヒビが入る。そこから水が入ると、
ゆで卵の白身から薄皮がはがれるので
殻がむきやすくなる。

□ 卵の量でアレンジ！

むきたいゆで卵の量に合わせて容器の
大きさを選べば、卵の個数に関係なく、
一気にむくことができる。1個の場合は、
先に卵の殻に軽くヒビを入れてから容器
に入れてふるとよい。

納豆のフィルムを取るときの ねばねばが不快！

Answer

フタを使って一気に取る！

フタを上から
しっかりと押さえながら
引き抜こう！

1 フィルムをずらす

納豆パックのフタをあけて、フィルムの端を少しだけ横に引き出す。

2 フタを閉じる

もう一度パックのフタを閉じ、片方の手で押さえる。

3 フィルムを引く

フタを手で押さえたまま、反対の手でフィルムを一気に引き抜く。

ZUBOmemo

☐ フィルムはちょい出し

フィルムをずらす際は、フィルムの一辺を納豆パックのフチから少し出すだけでよい。あまり多くずらすと、納豆が一緒に出てきてしまうので注意しよう。

こんな応用もできる！

箸を刺す

穴から引っぱり出す

箸を刺してフィルムを取る

納豆パックのフタをあけ、からし、しょうゆなどを取り出したら、納豆パックの角を箸でフィルムごと穴をあけ貫通させる。
納豆にかかっていないフィルムの端を刺すのがポイント。穴から側面に飛び出したフィルムを引っぱれば、キレイにフィルムを抜き取れる。

レンチンした皿が熱くて
やけどしそう!

Answer

ラップのかけ方を変える!

温度差を利用すれば、
ミトンいらず!

How to

1 ラップをかけて折り曲げる

皿より大きめに切ったラップを皿の上に
ふんわりかけ、ラップの角4か所のうち、
対角にある2か所を皿の下側に折り曲げる。

2 ラップを上に折り曲げる

残り2か所のラップの角は皿の上側に折
り曲げてラップが皿全体を覆わないように
する。

3 ラップを皿に貼りつける

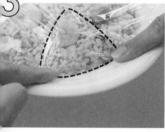

皿とラップの間に隙間ができないように
ラップを皿にぴったりと貼りつける。

4 レンチンする

電子レンジで温めたら、**3**のラップが
かかっていない部分を手で持って取り
出せば熱くない。

ZUBOmemo

☐ こんなに温度差が!

ラップをして電子レンジで温めると、ラップ内に水蒸気
がたまり、皿まで熱くなる。皿にラップをかけなかった
部分は、その影響を受けず熱くならないので、安心し
て触ることができる。

※皿の裏側（中央部分）は高温になっていますので必ず、ラップをか
けていない皿の側面を持つようにしてください。

ラップあり91℃

ラップなし 42℃

カレーをよそうたびに
皿にぽたぽた落ちる！

Answer

1秒待ってからよそう！

お玉の底を
1秒ほどしっかり
つけよう！

1 カレーをすくう

鍋のカレーをお玉ですくう。

2 お玉の底をつける

1ですくったカレーを皿によそう前に、鍋の中のカレーの表面にお玉の底を1秒ほどしっかりとつける。

3 皿によそう

お玉をゆっくりと引き上げて皿によそう。こうすると皿の縁にカレーがたれず、キレイに盛りつけられる。

ZUBOmemo

□ なぜたれにくくなる?

鍋の中のカレーの表面にお玉の底を1秒ほどしっかりつけると表面張力が働き、お玉の底についたカレーが鍋の中のカレーに吸い取られるのでたれにくくなる。

 こんな応用もできる!

ティーバッグでもできる!

紅茶や緑茶などのティーバッグやコーヒーのドリップパックも、同様に底面からの液だれを防止できる。ティーバッグの場合は、飲み物がちょうどよい濃さになったときにカップ内の飲み物の表面にティーバッグの底面を1秒ほどつけてから引き上げると、水滴がたれない。

自分で温玉を作りたいけど難しい……

Answer

カップ麺の容器を再利用する！

湯を注いで
待つだけだよ〜！

How to

1 容器に湯を注ぐ

カップ麺の容器に常温の卵をひとつ入れ、沸騰した湯を容器の内側の線まで注ぐ。

2 皿でフタをする

皿でフタをして 13 分ほど待つ。

※時間は目安です。容器の素材や環境によって、仕上がり具合は変化します。

3 温玉を割る

湯を捨て、卵を割れば温泉卵のできあがり。

ZUBO memo

□ 容器のカタチ

カップ麺の容器以外でも作ることはできる。ポイントは縦長の耐熱容器を選ぶこと。

平べったい形の容器だと、ゆだりすぎてとろっとした温泉卵ができない。

2つ以上作るなら！

水溶き片栗粉を加える

2 個同時に作りたいとき

鍋に卵がつかる程度の湯を沸かしたら火を止める。片栗粉（カレースプーンで 1 杯分）を水（お玉 1 杯分）で溶いた水溶き片栗粉を加える。そこに常温に戻した卵を加え、フタをして 12 分待つだけ。

パスタをゆでるときの
吹きこぼれを防止したい‼

Answer

湯にバターを入れる！

☐ **バターの目安量**

鍋に湯を沸かし、塩を入れるタイミングで一緒にバターを入れる。目安量は、2人分でカレー用スプーン1杯程度。香りや味付けの邪魔にならない。バターの代わりにマーガリンを使っても OK。

☐ **吹きこぼれにくくなる理由**

吹きこぼれは、沸騰したときに出る泡がパスタのでんぷん質に包まれて割れにくくなることで起きる現象。バターの油分がこの泡を割るので、ゆでているときの吹きこぼれが起こりにくくなる。

砂糖がカッチカチで
サッとすくえない！

Answer

湿らせたキッチンペーパーを使う！

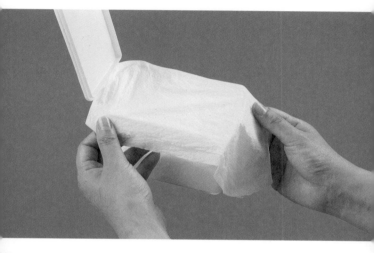

1 キッチンペーパーをぬらす

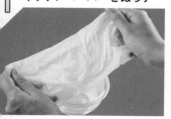

キッチンペーパー1枚を水を張ったボウル
にひたすなどしてぬらし、軽く水けをしぼ
る。

2 容器のフタの下にはさむ

カチカチの砂糖が入った容器のフタを
あけ、1のキッチンペーパーを被せたら、
フタをして1時間ほどおく。

料理をしながら汚れた手で スマホを操作したい！

Answer

ラップを巻くだけ！

1 ラップを巻いてガードする

スマートフォンにラップをぴったりと1周分巻きつける。

2 ラップ越しに操作する

ラップの上から画面を操作し、使い終わったらラップを捨てる。

ピザの箱を
コンパクトに捨てたい！

Answer

ぬらしてから折る、丸める！

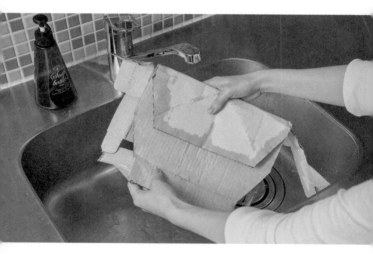

1 ピザの箱を水に浸す

洗いものの下に置くか、流水でピザの箱を水に浸し、やわらかくする。

2 ピザの箱を折る、丸める

ぬれた状態のままピザの箱を折る、または両手で丸める。水けをきってから捨てる。

麦茶を
作り忘れてしまった！

少量の湯で麦茶成分を抽出する！

1 レンジでチンする

マグカップに麦茶パックを入れ、かぶる程度の水を入れてラップなしで電子レンジ（600W）で2分30秒加熱する。

2 麦茶を作る

1のマグカップにラップをして2〜3分蒸らしたら、水を八分目まで入れた冷水筒の中に注ぐ。

作り置き用に使った
保存容器がにおう!!

Answer

水と塩を入れてシェイクする！

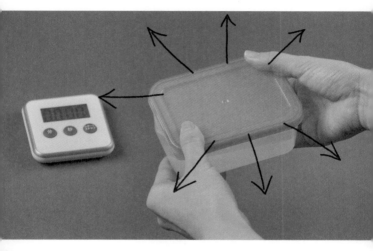

1 水と塩を入れる

保存容器の半分量ぐらいの水と塩を加える。
※容器の大きさにあわせて水と塩の量を調節して
ください。水 100mℓに対して塩 3g（小さじ 1/2）程度
が目安です。

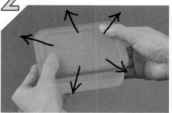

2 容器をふる

保存容器のフタをしっかり閉めて、上下
左右などいろいろな方向に 2 分間ふったら、
フタをあけて中身を捨てる。

手についたニンニク臭が
なかなか取れない！

Answer

シンクを触りながら手を洗う！

□ スプーンで手を洗う

シンクの代わりにステンレス製の
スプーンやフォーク、お玉などを
10秒ほど触りながら手を洗って
も効果あり。シンクを触りながら
手を洗うのと同様、ニンニクのニ
オイが取れる。

こんな方法も！

魚のニオイが取れないとき

ニンニクのニオイに匹敵するのが魚料
理をしたあとの手につく、魚臭さ。こ
のニオイを消すには、大根おろしのし
ぼり汁で手を洗い、その後石けんで
軽く洗えば魚臭さが取れる。

ひき肉をこねたときの手のギトギト感がイヤ！

Answer

手に砂糖をすり込んで洗う！

1 砂糖、石けんの順に洗う

手のひらに砂糖小さじ1をのせ、10秒ほどこすり合わせる。その後、ぬるま湯で洗い流したら、少量の石けんで再度手を洗う。

意外な洗い方も！

石けんだけじゃ落ちないガンコな汚れには

泥や墨汁など、手のシワまで入り込む汚れには、液体石けんとコーヒー豆のカスを大さじ1ほど手のひらにのせ、30秒ほどこすり合わせて洗う。コーヒー豆のカスに含まれる活性炭の効果でキレイに落ちる。

鍋のアクがなかなか
取り切れない！

Answer

アルミホイルを使って取る！

アルミホイルの
表裏はアクの取れ方に
関係ないよ！

How to

1 アルミホイルを切る

アルミホイルを正方形に切り、手でくしゃくしゃにする。

2 アルミホイルを広げる

1 の状態から元の大きさに広げる。

3 丸くする

周りを折って丸い形に整える。

4 アクの上にのせる

鍋のアクが浮いている部分に 3 のアルミホイルをのせ、菜箸で数回押さえて取り出すとアクが取れる。

ZUBOmemo

☐ **アルミホイル**

アルミホイルはできるだけ細かいくしゃくしゃにするのがポイント。表面に凸凹がたくさんあるほど、そこにアクが入り込み、より多く取れる。水で洗えば、一度の調理で何度でも使える。

☐ **煮物のアクも簡単に取れる!**

煮物料理に使うときは、鍋の口径よりも少し大きめにアルミホイルを切って同様にくしゃくしゃにして使おう。アクの出た鍋に入れて 10 秒後に取り出せば一気にアクを取り除ける。

冷めた揚げ物の衣を
カリッと仕上げたい！

Answer

水とアルミホイルでサクサクに！

1 霧吹きで水をかける

冷めた揚げ物の表面に霧吹きで水を吹き
かける。

2 オーブントースターで温める

くしゃくしゃにして広げたアルミホイルの
上に揚げ物をのせ、オーブントースターの
中に入れ、加熱する。

ビンのフタが固くて
あけられない！

Answer

ビン本体をまわしてあける！

ビンをあける

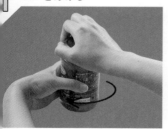

フタに手を置いて固定し、ビン本体をもう
方の手でまわしてあける。

ZUBOmemo

□ ビンのサイズを確かめる

この方法は、フタよりもビン本体の直径が大きい場合にのみ、活用できる。フタではなく、ビンをまわしたほうがより大きな力を加えやすいので、固いビンのフタも簡単にあけることができる。

マヨネーズやケチャップの
分離を何とかしたい！

Answer

マヨネーズは下向き、ケチャップは上向きで！

ZUBOmemo

☐ マヨネーズの保存方法

油や酢、卵黄を乳化させて作るマヨネーズは、冷蔵庫の冷気が直接あたると分離する可能性があるので、ドアポケットでの保存がキホン。空気に触れると酸化しやすいので、口を下にして保存する。

☐ ケチャップの保存方法

ケチャップの原料のトマトは水分量が多く、口を下にして冷蔵庫で保存すると水分とトマトが分離した状態で出てきて水っぽく感じてしまう。内容量が減ってきても口を上にして保存しよう。

魚を焼いたあとの
グリル掃除が大変！

Answer

水溶き片栗粉と一緒に焼く！

1 水溶き片栗粉を入れて焼く

2 グリルの掃除をする

ボウルに水300㎖、片栗粉大さじ4を
れてよくかき混ぜたら、グリルの受け皿
流し入れ、魚を焼く。

グリルが冷えて水溶き片栗粉が固まったら、
スプーンなどではがす。魚の脂も一緒に
固まるのでニオイも残らず、掃除もラク。

ホールケーキを
キレイに切れない……

Answer

湯で温めた包丁で切る！

1 包丁を温める

包丁を熱い湯で5秒ほど温め、かわいた
フキンで水分をふき取る。

2 ホールケーキを切る

常温で切った場合　温めて切った場合

ケーキを切る。切るたびに**1**のように包丁
を温める。写真右が包丁を温めて切った
もの。見た目の美しさは、一目瞭然。

ピーマンのヘタと種の
処理を簡単にしたい！

Answer

ヘタ部分を親指で押し込む！

1 ヘタ部分を軽く押し込む

指の腹をヘタ部分にあて、ピーマンの側に向かって軽く押し込む。

2 ピーマンの内側を洗う

ヘタと種を取り、ピーマンの内側の種をすすぎ洗いして調理する。

ざるでもやしを洗うと
ごみがつまる！

Answer

袋に入れたまま水洗いする！

1 もやしの袋に水を入れる

もやしの袋をあけて水を入れ、もやしを
もみ洗いする。

2 ハサミで袋の底を切り、水をきる

袋の底に斜めに三角形状の切り込みを入
れ、水けをきる。

餃子同士がくっついて皮がやぶける！

Answer

蒸し焼き段階で酢水を投入！

1 餃子を焼く

フライパンに餃子を並べたら火にかける。水50mlに酢大さじ1を混ぜたものをフライパンに注ぎ、フタをして蒸し焼きにする。

2 皿に盛る

餃子を皿に盛る。酢に含まれる酢酸の効果でくっつかずに焼ける。熱を加えると酢の香りも飛ぶので気にならない。

くったりしたミニトマトと
レタスを復活させたい！

Answer

40℃のぬるま湯につける！

1 ぬるま湯に野菜をつける

ボウルに 40℃のぬるま湯を注ぎ、くったりしたミニトマトとレタスを入れる。

2 水けをきる

5分ほどつけたらザルなどに取り出す。
5分前よりシャキッとしているのがわかる。

ぶなしめじを
少しだけ使いたい！

── Answer ──

まん中から引っこ抜く！

1 ぶなしめじをつまむ

中央部分のぶなしめじの軸を数本分つまむ。

2 やさしく引き抜く

片手で本体を押さえながら、ぶなしめじを引っこ抜く。

えのきの石づきで
まな板を汚したくない！

Answer

袋の上から切る！

1 袋の上から切る

袋の上から包丁でえのきの根元を切り落とし、袋から取り出す。

まな板洗いをカット！

油揚げも袋の上から切れる

袋の上から包丁を押しつけ、左右に刃を少し寝かせると中の油揚げだけを切ることができる。包丁もまな板も汚さずにすむ。

薄切り肉が
うまく切れない！

Answer

ぬれたフキンでふきながら切る！

1 包丁をぬれフキンでふく

ぬれたフキンを用意し、包丁の刃全体をふ
く。

2 肉を切る

薄切り肉を好きな大きさに切る。都度
包丁をぬれたフキンでふけば、包丁につ
いた水分が肉の脂をはじき、切りやすい。

鶏肉の皮が
切りにくい！

Answer

くるくる巻いて切る！

1 鶏肉を巻く

鶏肉の皮が表になるようにまな板の上に置き、皮が内側になるようにくるくると巻く。

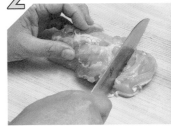

2 切る

1の鶏肉を包丁で好きな大きさに切る。

もっと果汁をしぼれるように
レモンを切りたい！

Answer

斜めに切ってからくし切りにする！

1 斜めに切る

レモンを縦長に置き、斜め半分に切る。

2 くし切りにする

くし切りにする。薄皮がない状態のくし切りなので果汁がたくさんしぼれる。

バターやチーズを切ると
包丁にくっつく！

Answer

キッチンペーパーを被せて切る！

ZUBO memo

☐ キレイに切れる理由

キッチンペーパーは凸凹している
ので、包丁と比べてバターやチーズ
に触れる面積が小さく摩擦が少な
くなる。このためバターやチーズ
を切っても包丁にくっつかずに切れ
る。キッチンペーパーの上から押
すようにして切るのがポイント。

ゆで卵はこう切る！

ラップを巻いて切る

ゆで卵は、包丁に
ラップを巻いてから
切ると、断面が美し
く切れる。
包丁も汚れず一石
二鳥。

ハムを切るとくっついてパラパラにならない！

Answer

1枚ずつたたんで切る！

1 ハムをたたんで切る

ハムを1枚ずつ半分にたたみ、向きを交互に重ねて切る。

2 ほぐす

手でほぐせば、すぐにパラパラになる。

食べながらスイカの種を
取るのが面倒くさい！

Answer

種に沿って切るだけ！

スプーンで
一気に種が
取れるよ！

How to

1 両端を落とし半分に切る

スイカの上下を少し切り落とす。
しま模様に対して垂直に半分に切る。

2 種に沿って切る

断面の中心から種が並んでいるところの
1か所に包丁をあてて切る。

3 放射状に切る

で切った右横の種が並んでいるところを
る。これをくり返して切り分ける。

4 種を取る

表面に出ている種をスプーンで取れば、
種がなくなるので思いきりかぶりつける。

ZUBO memo

☐ 種の特性を生かした切り方

スイカの種は、栄養や水分を運ぶ維管束に
沿って成長するので規則正しく1列に種が
並ぶ。カット売りされているスイカも、
しま模様に対して垂直に切れば種が出て
くるので同様に切ればよい。

☐ 1切れの大きさはバラバラ

種の並びに沿って切っていくため、
この方法で切ったスイカは各々の
大きさが均等ではなく、バラバラに
なるので注意。

ほうれん草がすぐに
くったりしちゃう……

Answer

購入後すぐに袋のまま水にひたす！

1 袋の角を切る

ほうれん草が入った袋の下部の両角をほんの少し切ったら、袋の中に水を入れる。葉全体がつかるくらいが目安。

2 水が抜けたら保存する

シンクの隅に置き、袋の中の水がなくなったら指で袋の底の水も押し出し、袋の上をテープで閉じ、冷蔵庫で保存する。

バナナを長持ち させたい！

Answer

1本ずつポリ袋に入れる！

バナナを袋に入れて冷蔵する

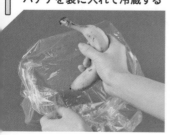

バナナを1本ずつに分け、ポリ袋に入れて口を閉じて冷蔵庫に入れる。

ZUBO memo

☐ **熟すスピードをゆっくりに**

バナナを1本ずつ袋に入れることでバナナを熟させるエチレンガスの放出が少なくなる。
冷蔵庫で保存すれば、バナナの乾燥を防ぎ、水分も保てるため2週間後でもおいしく食べられる。

冷凍刻みねぎの
霜がすごい！

Answer

キッチンペーパーを入れて冷凍する！

1 容器にねぎを入れて冷凍する

ねぎを小口切りにし、保存容器に入れたら
キッチンペーパーを被せてフタをし、
容器を裏返して冷凍する。

パラパラをキープ！

固まらない冷凍チーズ

保存袋にピザ用
チーズを入れ、1時間
冷凍したあと、手
でもみほぐしてか
ら再び冷凍すれ
ば、パラパラ状態
をキープできる。

しょうがを使い切る前に カビが生えちゃう!

Answer

水の中で保存すれば1か月ほどもつ!

☐ 鮮度が続く保存法

しょうがの表面を水で洗ったら保存容器に入れ、かぶるくらいの水を入れてフタをし、冷蔵庫で保存する。3〜5日に一度を目安に水を換える。

使い切れないときは…

すりおろして冷凍

一度に使い切るのが難しいしょうがは、皮をむいてからすりおろし、保存袋に入れて冷凍庫で保存すると長持ちする。

アボカドの変色を簡単に防止したい！

<u>Answer</u>

レンチンで変色防止できる！

1 アボカドを切る

アボカドを半分に切る。種は取らないでおく。

2 レンチンする

ラップをせずに、電子レンジ（600W）で20秒ほど加熱する。

大葉がすぐに
しなびちゃう……

Answer

袋に少しの水を入れて保存する！

1 水を入れる

袋に少量の水を入れる。大葉の根元が
つかるくらいが目安。

2 袋をぶら下げる

袋の口を閉じ、洗濯バサミやクリップなど
で冷蔵庫のドアポケットにぶら下げる。

キッチンにあるものでできる
ズボ小ワザ！

ラップ、アルミホイル、輪ゴムを使った
暮らしのためになるネタ7個を紹介します！

ラップを使ったズボ小ワザ！

1

漂白剤なんて面倒くさい！
茶渋を根こそぎ取る！

step

☑ マグカップや湯呑の茶渋が
ついた部分に塩をのせる

☑ くしゃくしゃにしたラップで
こすれば、ガンコな茶渋も
取れてピカピカに！

口に入るものだし、漂白剤は使いたくないズボラ潔癖症のあなたにおす
すめ。塩の代わりに歯磨き粉でもキレイに落ちるよ！

2 これからの新常識！
シンク磨きは、くしゃくしゃラップで！

☑ 使い終わったラップを
くしゃくしゃにする。

☑ ラップでシンクをこすれば、
クレンザーいらずでピカ
ピカに！

実は、ラップの表面は凸凹しているので磨くのにもってこい！　漂白剤
やクレンザーなどを使わなくてすむので、ズボラには最適だね！

3 ズボラなおしゃれさんに朗報です！
マニキュアをサッと落とす！

☑ 折りたたんだラップを被せたコットンに除光液をしみ込ませる
☑ マニキュアの上にのせて5秒間押さえる
☑ そのままふき取ればつるんっとマニキュアが取れる

ラップはコットンよりもひと回り大きいサイズにたたむのがポイント。除
光液の揮発を防ぐので、1枚のコットンで全部の指のマニキュアを落とせ
るよ！

アルミホイルを使ったズボ小ワザ！

4 石けん派の人必読！
ドロドロ石けんを防止する！

step

- ☑ アルミホイルを石けんの半分の大きさになるように切る
- ☑ アルミホイルの四隅の角を切り落とす
- ☑ アルミホイルを水でぬらし、石けんの中心に貼りつける

新品の石けんにアルミホイルを貼って使用すると、石けんがいつものように ふやけてドロドロになりにくくなるよ！　使わないときはホイルの面を 上にして石けんトレイに置いておこう。

5 面倒な掃除をしなくてすむ！
薬味用おろし金が汚れない！

step

- ☑ おろし金にアルミホイルを 巻いて、その上からすりおろす
- ☑ おろし終わったらアルミ ホイルを外すだけ

しょうがなどの薬味をおろすと、おろし金におろしカスがついて掃除が 大変だよね。この面倒くささ、おろし金にアルミホイルを巻けば解決で きるよ。ぜひ挑戦してみてね。

輪ゴムを使ったズボ小ワザ！

6

あ！ つけちゃったと思ったら
歯磨き粉のシミは簡単に取れる！

step

☑ 輪ゴムを人差し指か中指の第一
　関節あたりに2〜3重に巻きつける

☑ 洋服についた歯磨き粉
　のシミにこすりあてる

洋服についた歯磨き粉のシミはかわいているほうが取りやすい。つけた
ばかりであれば、ドライヤーをかけて乾かしてから試してみよう。こすり
にくいときは、なにか固いものを洋服の下に敷いてこすってみて！

7

重石の必要なし！
風が吹いてもレジャーシートが飛ばない！

step

☑ レジャーシートの四隅から 6 〜 7cm のところを輪ゴムで結ぶ

☑ 4つの結び目をレジャーシートの下に折り込む

☑ これだけで重石がなくても飛んでいかない

レジャーシートは、風がシートの下に潜り込むことでめくれて飛んでしま
うけど、輪ゴムを巻くことで気圧差が生まれ、めくれるのを防いでくれる。
行楽シーズンにやってみてね。

知れば、ず〜っと役立つ！
暮らしの小ワザ100

2024年4月9日　第1刷発行

〰〰〰

監修協力	雨宮秀彦（裏ワザ倶楽部 代表）
本文デザイン	新開葉月
装丁デザイン	宗田真悠
イラスト	穂坂麻里
本文DTP	有限会社天龍社
撮影	泉田真人
	スタジオクライン
編集	吉村ともこ＋小谷由紀恵＋佐々木奈津子＋向水野F・F
	（ひょっとこプロダクション）
企画・編集	麻生麗子
発行者	山本周嗣
発行所	株式会社文響社
	〒105-0001
	東京都港区虎ノ門2-2-5　共同通信会館9F
	ホームページ　https://bunkyosha.com/
	お問い合わせ　info@bunkyosha.com
印刷	中央精版印刷株式会社
製本	古宮製本株式会社

© Hidehiko Amemiya 2024
ISBN 978-4-86651-672-1

この本に関するご意見・ご感想をお寄せいただく場合は
郵送またはメール（info@bunkyosha.com）にてお送りください。